AF340248

et i mpi010.

4° Conduite édifiante de plusieurs enfants. — « On avait promis un
« sou à une petite fille, si elle apprenait bien son catéchisme. Elle reçoit
« la récompense promise, avec pleine liberté d'en faire ce qu'elle vou-
« dra. Une tentation de sensualité vient effleurer son âme ; mais, bien-
« tôt, elle pense aux petits Chinois ! son cœur est ému ! et le sou qui
« fait tout son trésor est consacré à l'œuvre de la Sainte-Enfance. Ah !
« merci, petite fille, merci pour les petits Chinois ! » — « Une autre
« petite fille aurait bien voulu venir aussi au secours des petits Chinois ;
« *Doleo super te, frater mi !* Hélas ! elle ne possède pas même un cen-
« time. Mais sa chevelure est magnifique ; elle obtient la permission de
« la couper, et bientôt le prix de ses blonds cheveux traverse les mers ;
« plusieurs enfants sont achetés, baptisés, meurent et vont au ciel ! Ah !
« merci, charmante enfant ; merci pour les petits Chinois. » — « Dans
« une maison d'éducation, les pensionnaires ont déposé aux pieds de
« l'Enfant-Jésus tout ce qu'ils ont reçu en étrennes : bonbons, oranges,
« jouets, etc. Tous ces objets seront mis en loterie au profit de l'œuvre de
« la Sainte-Enfance. Ah ! merci, pieuses pensionnaires, mille fois merci
« pour les petits Chinois. » Dans une autre maison, des orphelines ont
demandé, comme une faveur, la permission de disposer, au profit de
l'œuvre, de tous les petits objets dont elles pouvaient se passer. L'une
d'elles ne possédait qu'une aiguille ; elle l'a donnée ! (1) Tous ces objets
ont été portés dans un pensionnat, mis à l'enchère, et il en est résulté
une somme suffisante pour procurer la grâce du baptême à un grand
nombre de petits Chinois.

Une expérience de plusieurs années a démontré que l'œuvre
de la Sainte-Enfance est loin de nuire à celle de la Propagation
de la foi. Elle lui prête, au contraire, un puissant secours ; puis-
que la plupart des associés à l'œuvre de la Sainte-Enfance s'asso-
cient, au bout de quelques années, à l'œuvre de la Propagation
de la foi.

    (1) Une aiguille est bien peu de chose ;
       Eh bien ! en partie elle est cause
       Du bonheur immense, éternel
       Que je possède dans le ciel.

          (Extrait d'une lettre d'un petit Chinois.)

Le Mans. — Imp. de Julien, Lanier et Cᵉ.

AH! SAUVONS LA FRANCE,

PUISQU'ON LE PEUT ENCORE;

OU

PLAN DE FINANCES, simple, facile, prompt et moral dans son exécution, soumis à l'opinion publique, par un citoyen de Paris, qui veut garder l'anonyme.

Imprimé au profit de plusieurs familles réduites à la misère.

Prix : 5o sous.

« Je suppose que nous eussions fait pour nous pro-
» curer la liberté et la paix, tout le contraire de ce
» que nous avons fait, où en seroit la France à l'ins-
» tant où je vous parle ? Je ne crains pas de le dire,
» elle seroit parvenue au plus haut degré de splendeur
» et de félicité, qu'un gouvernement libre et sage
» puisse jamais ambitionner ».

Constitution de la Lune, par le Cousin Jacques,
seconde édition (1793), page 187.

A PARIS.

Chez { MOUTARDIER, Libraire, rue du Coq-
Saint-Honoré, n° 1.
LE COUSIN JACQUES, Éditeur, rue des
Vieux - Augustins, section de Guil-
laume-Tell, n° 264.

AVIS PRÉLIMINAIRE

Du Cousin JACQUES, *Éditeur de cet ouvrage.*

LA confiance et l'estime ne se commandent pas; ces sentimens sont fort indépendans des vicissitudes de la vie, des orages politiques et des absurdités révolutionnaires.

Ainsi, malgré toutes les larmes que j'ai versées, toutes les vexations qu'on m'a fait éprouver, tous les dangers que j'ai courus, la confiance et l'estime des gens de bien me sont restées. C'est mon seul apanage, et rien n'a pu me l'ôter.

Depuis le 9 thermidor, une foule de vertueux citoyens (car la vertu n'étoit pas exilée de la France) ont repris leur énergie et ranimé leurs espérances. Beaucoup de mes anciens lecteurs qui me croyoient mort, et que je croyois aussi avoir péri sous le couteau des monstres, sont venus chez moi; ils m'ont apporté des mémoires, des plans, des projets, des pièces de théâtre, des procès-verbaux, etc., en un mot, des ouvrages relatifs à la politique, à la diplo-

matie, à l'art militaire, à la religion, à l'ins-
truction publique, et sur-tout aux finances.

Parmi soixante mémoires de ce genre, qui
m'ont été lus ou envoyés, j'ai distingué tout
récemment celui dont il s'agit dans cet imprimé.
Il m'a frappé par la clarté des idées, par la pu-
reté du style, par la vérité des tableaux, par la
sagesse de ses vues, et plus particulièrement
encore par la simplicité des moyens qu'il pro-
pose au gouvernement.

Si l'orgueil inné chez tous les hommes, et si
puissant chez les hommes en place, faisoit rejet-
ter cette production par ceux qui peuvent s'en
servir pour le bonheur public, l'auteur s'en
consoleroit par la conscience intime d'avoir voulu
le bien de son pays, et d'avoir conçu les moyens
de l'opérer.

Cet auteur, généralement estimé par ses
mœurs, ses lumières et son civisme, m'a
chargé de publier son ouvrage, sous la
condition expresse qu'il garderoit l'anonyme....
Cette modestie ajoute encore au mérite de son
travail.

On vouloit d'abord que je fisse entrer ce plan

dans le premier numéro de mes *Mémoires*, qui va paroître sous peu ; mais, outre que mon caractère connu n'est pas celui du geai qui se pare des plumes du paon, j'ai préféré laisser à mes *mémoires* le genre qui leur convient, et donner à l'ouvrage d'un homme de mérite, tout l'éclat qui lui revient.

Je n'ai rien changé, ni corrigé à ce petit ouvrage, quoiqu'on m'eût laissé le champ libre ; j'aurois cru le gâter, en y touchant. Ce genre de travail, et la manière dont il est traité, sont trop au-dessus de mes forces pour que je me fusse avisé d'en rayer une syllabe ; je n'ai point la sotte témérité de corriger ce qui vaut mieux que tout ce que je pourrois faire ; *ne sutor ultrà crepidam*.

Le public verra bien que les *moyens* ne sont qu'*indiqués* dans ce *plan*, et que ce n'est qu'une esquisse propre à les lui faire desirer.

Signé LOUIS-ABEL B. R...
dit LE COUSIN JACQUES, *Éditeur.*

DIALOGUE

ENTRE

UN NÉGOCIANT FRANÇAIS

ET

UN NÉGOCIANT NEUTRE.

Négociant français.

Pour éteindre 12 milliards d'assignats en circulation,

Si nous avons 2 milliards de biens nationaux
à vendre, estimés d'après leur valeur en 1790,

Nos assignats doivent être à nos biens à vendre, comme 6 est à 1.

Pour éteindre 15 milliards d'assignats en circulation,

Si nous avons 2 milliards de biens nationaux
à vendre, estimés d'après leur valeur en 1790,

Nos assignats doivent être à nos biens à vendre, comme $7\frac{1}{2}$ est à 1.

A 2

Pour éteindre 12 milliards d'assignats en circulation ,

Si nous avons 3 milliards de biens nationaux
à vendre , estimés d'après leur valeur en 1790 ,

Nos assignats doivent être à nos biens à vendre , comme 4 est à 1.

Pour éteindre 15 milliards d'assignats en circulation ,

Si nous avons 3 milliards de biens nationaux
à vendre , estimés d'après leur valeur en 1790 ,

Nos assignats doivent être à nos biens à vendre , comme 5 est à 1.

Et toujours ainsi , soit en augmentant , soit
en diminuant les deux objets de comparaison.
Toute cette appréciation se réduit à une règle
de proportion entre la valeur nominale des assignats en circulation , et la valeur primitive des
biens nationaux à vendre , évalués au prix où ils
étoient en 1790 (*).

Négociant neutre. Mais pourquoi donc aujourd'hui 20 messidor , vos assignats perdent-
ils 30 fois leur valeur contre l'argent ?

(*) Pour que nos assignats perdissent , avec raison ,
30 fois leur valeur contre nos biens , il faudroit d'une
part ,

Que nous eussions 90 milliards d'assignats en circulation ;

Et que de l'autre part ,

Nous n'eussions que pour 3 milliards de biens à vendre
en les évaluant d'après le prix des biens en 1790.

N. F. Ils perdent 3o fois leur valeur contre l'argent, par la raison que le public n'ayant aucune connoissance précise et constatée des deux objets de comparaison, il ne peut calculer que sur des termes inconnus, et que dans cette ignorance de la proportion qui existe réellement entre les assignats en circulation, et la valeur des biens nationaux, il s'obstine à rapprocher sans cesse le prix de ses marchandises, du prix journalier de l'argent dont l'usage est universel, et dont la valeur intrinsèque lui est familière et bien connue. Le mal vient de ce qu'il y a en France deux signes d'échange au lieu d'un.

N. N. Mais pourquoi le public s'obstine-t-il toujours à comparer ces deux signes d'échange, et à rapporter sans cesse le prix de sa marchandise au prix de l'argent, plutôt qu'à la perte raisonnable des assignats, démontrée ci-dessus?

N. F. Parce que l'argent étant un signe d'échange commun à toutes les nations, il assure à celui qui en est propriétaire, les moyens de subsister par-tout où il voudra se transporter, et aussi, l'avantage de ne pouvoir être atteint en France, par aucune des mesures définitives qu'on sera forcé, tôt ou tard, de prendre contre les assignats.

Parce que la classe la plus nombreuse et la plus utile n'a pas les moyens suffisans pour acquérir des biens nationaux, et qu'étant habituée à regarder l'argent comme le seul gage définitif et valable pour elle de sa fortune présente, elle s'obstine avec raison, en rapportant chaque jour le prix de sa marchandise, au prix journalier du numéraire ; elle s'obstine, dis-je, avec raison, et pour éviter sa ruine, à conserver, entre l'un et l'autre, une proportion qui lui assure, dans toutes les chances possibles, la certitude de recueillir le fruit de son travail, en échangeant sans perte, et quand elle le voudra, sa marchandise contre de l'argent.

Voilà qui vous paraît clair, sans doute, et cette classe de citoyens utiles, d'artisans, de manufacturiers, de fabriquans, de débitans, de négocians honnêtes, se trouve suffisamment justifiée du discrédit actuel de nos assignats contre l'argent ; car, en y regardant de près, on voit évidemment que les plus riches en apparence, sont éloignés de l'achat des biens nationaux par la nécessité d'entretenir leurs manufactures et leur commerce ; que les moins aisés ne peuvent y atteindre, ni même songer à aucune acquisition de cette nature, attendu la foiblesse et la nullité de leurs moyens ; et il résulte de cet examen, qu'aucun d'eux n'étant intéressé au discrédit de notre papier-monnoie, et ne pouvant ni le desirer, ni même en être la cause, il faut nécessairement remonter plus haut pour trouver la source et la cause première de ce discrédit effrayant, présage d'un discrédit total et absolu, et dont l'époque si funeste au gouvernement est inévitable et n'est pas éloignée.

N. N. Quelle est donc la cause première qui

fait perdre aujourd'hui à vos assignats, 30 fois
leur valeur contre l'argent ?

N. F. C'est ici qu'il faut marcher avec pré-
caution ; car par la route que vous prenez, et
que vous m'obligez moi-même de prendre pour
vous suivre, je sens que nous approchons de la
vérité de très-près, et que, comme il est nécessaire, et souvent très-utile de la dire, il faut tâ-
cher, s'il est possible, de n'atteindre que cette
vérité que nous cherchons.

Je vous dirai d'abord, *comme observation
générale* sur le discrédit de notre papier-monnoie, que la position critique où nous sommes,
tient à un mauvais système adopté dès le principe, et pour l'émission des assignats, et pour
la vente des biens nationaux ; qu'il est urgent de
rémédier à ce système, par un plan dont les
mesures soient justes, rapides et assurées ; que
le moment n'est pas éloigné où la France, après
une bonne récolte, doit éprouver la disette la
plus dangereuse par sa nature, parce que tous
ceux qui en souffriront, seront convaincus,
qu'elle ne peut pas être générale ; que presque
tous les habitans des grandes villes, privés des
moyens de subsistances que leur procure leur
commerce, ou leur travail journalier, se répan-
dront dans les campagnes, et arracheront à
main armée, du cultivateur trop avide, les
grains et les denrées que celui-ci refuse de lui
apporter, ou de lui échanger contre des assignats sans valeur et totalement discrédités. Dans
ce bouleversement devenu nécessaire et général, les loix seront méconnues, les propriétés

violées, l'autorité sans action, les armées sans subsistances, la force armée de l'intérieur obligée, en raison de ses besoins personnels, de prendre part elle-même au désordre. Les factions renaissent plus puissantes et plus cruelles que jamais, l'anarchie est au comble, et la France va rentrer rapidement sous la main du despotisme, ou devenir tôt ou tard la proie de l'étranger. Voilà les observations générales que j'ai cru devoir vous faire sur les effets inévitables du discrédit de notre papier - monnoie. Voici maintenant celles que je crois propres à constater plus particulièrement, pourquoi nos assignats perdent 3o fois leur valeur contre l'argent.

« Nos assignats perdent 3o fois leur valeur contre l'argent,

1° Parce que, tous nos biens nationaux ne se vendant pas assez rapidement, et ne se payant qu'à un terme trop éloigné, l'extinction des assignats n'est pas assez prompte, et qu'on cesse enfin d'avoir confiance en un papier-monnoie exposé à toutes les vicissitudes de la guerre et de la politique, et qui semble chaque jour se multiplier au-lieu de s'éteindre :

2° Parce que, depuis près d'un an, notre commerce avec l'étranger n'a point eu pour objet et pour base unique, les vrais besoins de l'état, et qu'il est abandonné sans règle et sans mesure à toutes les combinaisons de l'intérêt particulier :

3° Parce qu'au-lieu d'assujettir les négocians des puissances neûtres à ne pouvoir trafiquer avec nousque dans des ports désignés, et par la voie d'échanges réciproquement utiles, dont la nature et le prix auroient été fixés , on leur a permis impolitiquement le libre abord de toutes nos places de commerce et même de la capitale.

Parce que , par une suite nécessaire de cette conduite , on les a mis à portée de choisir, dans toute la France , parmi nos productions territoriales et les travaux de notre industrie, les objets qui leur étoient les plus indispensables et les plus avantageux ; qu'ils ont acheté à des prix souvent très-médiocres , tandis qu'ils ne nous donnoient en échange qu'un superflu qui leur étoit à charge, tel que sucre , café , toiles , mousselines , dentelles, etc. etc. etc. qu'ils nous ont vendus à des prix excessifs.

4° Parce qu'en nous vendant leurs cargaisons composées de beaucoup d'objets dont nous pouvions et nous devions même nous passer , et les entremêlant , en petite quantité d'autres qui nous étoient vraiment utiles, ils ont réellement entretenu parmi nous la disette de ces choses utiles, au lieu d'y remédier , et qu'ils sont adroitement parvenus à nous faire regarder , sous ce rapport, leur retour, avec une nouvelle cargaison aussi funeste que la première, comme desirable et même infiniment précieux.

5° Parce qu'enfin la solde définitive de notre commerce avec l'étranger, ne pouvant se payer qu'en argent, ceux-ci , après avoir fait dans l'intérieur de la France , soit sur leurs ventes , soit sur les achats mêmes , des bénéfices considérables, emportent les objets d'échange qui leur conviennent le mieux , trafiquent avec avantage , pendant leur séjour , sur les marchandises qui leur sont moins utiles ; et , réalisant en définitif, tous ces bénéfices en or ou en argent, nous laissent et augmentent même nos embarras, au-lieu de nous en tirer ; c'est ainsi qu'ils ont obtenu une balance de commerce, en leur faveur, de plus de 300 millions en numéraire depuis environ dix mois.

« Nos assignats perdent 30 fois leur valeur contre l'argent : »

Parce que la responsabilité est presque nulle, et les dilapidations de la fortune publique, impunies.

« Nos assignats perdent 30 fois leur valeur contre l'argent : »

Parce que dans cet état de choses, les entreprises donnant des bénéfices immenses, ces bénéfices honteux et déshonorans ne peuvent se soustraire à l'indignation du public, que par l'achat de l'or.

« Nos assignats perdent 30 fois leur valeur contre l'argent : »

Parce que, la malveillance augmente elle-même nos embarras par tous les moyens d'achat de numéraire qui sont en son pouvoir.

« Nos assignats perdent 30 fois leur valeur contre l'argent : »

Parce que les craintes et les justes allarmes de quelques Français effrayés d'un avenir désastreux, aggravent encore notre position par des achats, hélas ! bien pardonnables, d'or et d'argent, proportionnés à leurs moyens.

« Nos assignats perdent 30 fois leur valeur contre l'argent : »

Parce que les agens des puissances coalisées, cachés parmi nous sous le masque de négocians

neûtres, entretiennent et augmentent sans cesse
le discrédit et les allarmes publiques, par le
débit de nouvelles fausses ou exagérées, par les
conseils de mesures spécieuses et patriotiques
en apparence, mais dangereuses et perfides
dans leurs résultats, et par la part active qu'ils
prennent aux opérations commerciales qui peuvent nous nuire.

« Nos assignats enfin perdent 3o fois leur
valeur contre l'argent : »

Parce que l'agiotage se reproduit sans cesse
sous de nouvelles formes, et s'alimente par des
succès constans ; parce que cette odieuse manie
est devenue presque nécessaire à une grande
partie des citoyens, pour subvenir à leurs énor-
mes dépenses ; parce que les agioteurs, effrayés
eux-mêmes de leurs gains immenses et illicites,
s'empressent, pour les cacher, d'en réaliser une
partie en numéraire et l'autre partie en valeurs
commerciales, et que ces deux opérations con-
duites de front, et toujours faites en même-
temps, réagissent avec avantage l'une sur l'autre, et leur mettent continuellement sous les
mains de nouveaux moyens de fortune, tous
contraires et funestes au crédit des assignats et
à la prospérité publique. Ce sont toutes ces
causes qui tantôt seules, tantôt réunies, nous
ont amenés graduellement à l'état critique où
nous sommes, et dont il n'y a qu'un prompt
remède qui puisse nous tirer.

N. N. Je vous ai écouté avec attention et
dans tout ce que je viens d'entendre, il doit se
trouver beaucoup de choses vraies, et toutes

même me paroissent vraisemblables. Votre première observation sur-tout m'a frappé.

Pourquoi certains biens nationaux ne se vendent-ils pas promptement? et pourquoi même, d'après ce que je peux entrevoir, paroissent-ils ne s'acheter qu'avec une certaine répugnance mêlée d'inquiétude de la part des acquéreurs?

N. F. Votre question est si précise en elle-même, et si étendue dans ses rapports, que sa solution bien motivée nous mèneroit loin. Pressé par le tems, je vais me borner à vous indiquer les causes principales; et, le mal étant bien connu, il devient facile d'y appliquer le remède.

Les porteurs d'assignats peuvent se diviser en 2 classes.

Celle qui a la volonté d'acheter, et n'en a pas les moyens;

Celle qui en a les moyens, et n'en a pas la volonté.

La première se compose des petits propriétaires et rentiers, des commerçans peu aisés, des employés, des artisans; en un mot de tous ceux qui n'ont qu'une médiocre quantité d'assignats, qui rentre et sort journellement de leurs mains, pour des transactions utiles et indispensables. Cette classe ne peut, comme je vous l'ai déjà dit, acheter de biens nationaux, et même, elle souffre du retard que leur vente éprouve.

La seconde se subdivise en trois parties.

1° Tous les propriétaires fonciers, rentiers opulens, et capitalistes;

2º Tous les négocians plus ou moins riches, soit comme anciens propriétaires fonciers, soit comme rentiers, soit comme nantis de valeurs commerciales, soit enfin comme porteurs d'assignats, et connus pour avoir, avant la révolution, exercé un commerce utile.

3º Tous les commerçans nouveaux, tous les grands spéculateurs, les agioteurs, et tous ceux qui, depuis quatre ans, ont fait des fortunes rapides et immenses dans les entreprises de toute nature.

Pour apprécier le véritable intérêt que ces trois dernières classes peuvent prendre aujourd'hui à la vente des biens nationaux, il suffit d'examiner s'il convient à leur intérêt présent et à venir de se rendre acquéreurs ; et, si nous rapprochons leur conduite à cet égard depuis 4 ans, de celle qu'ils tiennent aujourd'hui ; si nous examinons avec soin les raisons qu'ils ont eues de ne pas acheter, nous acquérons la mesure de leur civisme, et nous arrivons tout natuvellement à la connoissance des principales causes qui éloignent ou prolongent la vente de certains biens nationaux.

Les propriétaires fonciers et les rentiers opulens (à quelques exceptions près) sont tous indifférens, pour ne pas dire opposés, à la vente de ces biens. L'extinction plus ou moins prompte des assignats, et même leur sort définitif ne les touche que foiblement. Leurs propriétés patrimoniales semblent les mettre à l'abri des événemens ; leur fortune particulière se trouve trop distincte de la fortune publique (1). Les plus sensés laissent la révolution suivre son cours, et se contentent de réaliser l'excédent de leurs revenus en numéraire ou en valeurs commerciales. Une partie s'est mise à la tête de toutes les opérations de commerce, soit par des vues de malveillance, soit par des vues d'intérêt. Les bénéfices immenses qu'ils en recueillent, ils les convertissent journellement en or ou en marchandises, et laissent-là les biens nationaux. Il y a peut-être plus de marchandises entre leurs mains, ou déposées chez des prête-noms, qu'il n'y en a aujourd'hui chez beaucoup d'anciens négocians ; car ceux-ci achètent pour vendre, et eux n'achètent que pour garder.

Je ne parlerai pas des riches propriétaires qu'on peut soupçonner d'avoir contrarié le bien public par la corruption et l'intrigue; il faut des faits à l'appui d'inculpations aussi graves ; mais presque tous se sont accordés et s'accordent encore dans leur éloignement de tout achat de cette espèce.

Leurs motifs sont aisés à deviner, sans qu'il soit besoin de les dire.

Les manufacturiers, les fabricans, les négocians, les artisans aisés, en un mot, tous ceux qui s'occupoient, avant la révolution, de travaux utiles, ne peuvent être taxés d'un éloignement volontaire pour l'achat des biens nationaux. La plupart, sous peine de voir s'anéantir leurs manufac-

-----

(*) Voilà la source du mal, et c'est là où il faut appliquer le remède.

tures et leurs relations commerciales , ont été contraints , dès le principe , de recevoir en paiement de leurs avances un papier-monnoie , dont l'émission ne leur étoit pas applicable , puisqu'ils n'étoient point alors créanciers de l'état (*). Le discrédit de ce papier s'est augmenté graduellement; leurs premiers bénéfices ont été absorbés par l'augmentation successive de toutes les matières premières et des marchandises nécessaires à leur commerce ; les réquisitions , le *maximum* en a appauvri un grand nombre ; et , de tant de bénéfices en apparence si importans, que reste-t-il aujourd'hui aux négocians honnêtes et prudens ? ou un foible assortiment de marchandises , 30 fois plus chères qu'elles n'étoient il y a 5 ans (assortiment qui les menace chaque jour d'une ruine complette , par une diminution inévitable), ou une somme quelconque , en assignats, dont l'emploi en biens nationaux les mettroit hors d'état de relever leurs manufactures et leur commerce anéantis. J'exclus de ce nombre ceux (et il en est quelques-uns sans doute) qui ont outré leurs achats et leurs spéculations, et sont cause en partie de la mévente de nos biens et du discrédit de nos assignats , mais ils rentrent nécessairement dans la classe dont il me reste à vous parler.

Enfin viennent à leur tour ces agioteurs , ces capitalistes de fraîche date, ces compa-

---

(*) Voilà la première faute , nous l'avons payée cher , et nous nous en sentirons long-tems.

gnies financières, ces commerçans tout nouveaux, sans lumières, sans expérience, et
dont le commerce est inondé depuis 4 ans;
invisibles et présens par-tout, ils dirigent
toutes les ventes, car ils ont prévenu tous les
achats. L'or, l'argent, le numéraire, la marchandise, les denrées, la farine, les subsistances, les entreprises de toute nature et jusqu'au débit des nouvelles fausses ou exagérées, ils accaparent tout, ils agiotent sur
tout, ils portent leurs spéculations d'un bout
de la France à l'autre; ils ont des prête-noms,
des agens, des commis, des associés, des cor-
respondans, des voyageurs. L'envahissement
de la fortune publique est leur but; leurs
moyens sont la fraude, l'injustice, la corruption, la mauvaise foi, la trahison. Les assignats, dans leurs mains, renchérissent le
numéraire, et le numéraire, à son tour,
discrédite les assignats; s'ils s'approchent des
biens nationaux, c'est pour écraser la France, en détruisant d'un seul coup l'hypothèque
si précieuse de notre papier - monnoie. Sans
les réclamations unanimes des départemens,
ils eussent assuré pour jamais le triomphe
de l'agiotage, et consommé sans pudeur,
et presque dans un seul jour, la ruine de l'état.
Mais trop d'empressement, trop d'avidité, les
a trahis; et leur accord, si funeste depuis quatre
ans à la chose publique, nor a préservé cette
fois, du malheur de voir tous nos biens nationaux passer, à vil prix, dans leurs mains.

Si vous joignez à toutes ces causes l'in-
fluence des préjugés civils et religieux, l'in-

certitude des événemens politiques et des succès militaires, les craintes pusillanimes, et les
scrupules d'une fausse délicatesse, et le desir ca-
ché du retour de l'ancien ordre de choses, vous
aurez une idée générale des motifs qui s'op-
posent à la vente de certains biens nationaux.

N. N. Votre situation me paroîtrait déses-
pérée, si vous n'étiez pas *Français*; mais elle
n'est que l'effet de votre caractère national,
et votre nation est pleine de ressources et
d'énergie. Vos victoires multipliées, vos con-
quêtes rapides et ce courage invincible qui
étonne, et qui résiste à toute l'Europe, tout at-
teste que vous n'avez point dégénéré. La bien-
faisance, la bravoure, la loyauté, l'honneur,
voilà ce qui distinguera toujours les Français.
La légèreté, l'inconstance, voilà vos seuls dé-
fauts. Vos vertus sont à vous, vos vices, vos
malheurs et vos fautes vous viennent de vos
ennemis. Vos finances sont dans un état dé-
plorable, il est vrai; mais le mal n'est pas
sans remède; il suffirait peut-être pour cela
de.....

N. F. Oui, sans doute, et si je vous interromps brusquement, si je m'empresse de
de prévenir vos idées, c'est que je croirois les
Français humiliés, quels que soient leurs embarras, d'être sauvés par d'autres que par eux-
mêmes. Oui, sans doute, il est un moyen de
nous sauver, il en est mille, il en est autant
qu'il y a de vrais Français; il suffit de nous

montrer le but, et, dans notre impatiente ardeur, nous l'aurons bientôt atteint. Il existe un plan fixe et arrêté sur les finances, dont l'effet presqu'asssuré est de nous remettre, à leur égard, avant trois mois peut-être, dans l'état où nous étions avant la révolution; et ce plan, ce. n'est point un étranger, c'est un Français qui en est l'auteur.

N. N. Votre remarque est d'un bon augure. Mais je crains que ce plan, dont les effets seroient si prompts, n'ait pour base une démonétisation générale.

N. F. Non; ce moyen seroit odieux, vexatoire et contraire à la saine politique.

N. N. Ce plan est-il fondé sur la justice?

N. F. Oui, certes; et, s'il ne l'étoit pas, il ne fût jamais entré dans l'esprit d'un bon Français.

N. N. Opère-t-il promptement la vente des biens nationaux, de toute nature?

N. F. Avant 6 mois, tout sera vendu par enchères publiques et à un prix proportionné à la quantité d'assignats en circulation.

N. N. Assure-t-il l'extinction de la majeure partie de vos assignats?

N. F. Avant 6 mois, il n'en restera pas pour plus de 2 milliards en circulation.

N. N. Vous donne-t-il les moyens d'atteindre les fortunes illégitimes cachées dans les porte-feuilles, et qui sont le fruit de l'agiotage, du monopole et des dilapidations ?

N. F. Elles seront toutes connues, jusqu'au dernier assignat.

N. N. Ce plan ne leur laisse-t-il pas quelque moyen de s'échapper ?

N. F. Aucun ; l'or, l'argent, le numéraire, les valeurs commerciales, les denrées, tout est frappé, tout à la fois ; et le projet une fois connu, chacun reste forcément dans l'état où il s'est mis lui - même ; chacun est traité selon ses œuvres.

N. N. Ce plan conserve-t-il dans les mains des manufacturiers, des fabricans, des négocians honnêtes, des artisans utiles, les moyens de ranimer le commerce, de vivifier l'industrie nationale, et d'élever par-là votre agriculture, trop long-temps méprisée, à cet état florissant qui est la base de la prospérité du commerce ?

N. F. Les conséquences en sont évidentes et même nécessaires.

N. N. Ce plan est - il propre à rallier à l'intérêt public ceux qui depuis 4 ans s'obstinent à s'en isoler ?

N. F. Oui, mais par des moyens qui pourroient bien ne pas plaire au plus grand nombre d'entr'eux; mais qu'importe? Si ces moyens sont justes et équitables, s'ils tendent évidemment au bien général, qu'importent leurs réclamations? C'est à l'opinion publique à en faire justice. Dans la position critique où nous sommes, chacun sent bien où est le mal; mais personne n'ose, ou ne veut le dire. Chacun s'occupe secrètement des moyens de sauver sa fortune du naufrage public; chacun se croit seul éclairé, seul instruit, seul impénétrable, tandis que nous sommes tous réellement à découvert, les uns aux yeux des autres. Il est temps enfin que ces menées sourdes soient connues; il est temps enfin que ces agioteurs cachés soient signalés par les moyens mêmes qui les ont enrichis. Nous ne pouvons nous sauver de l'abyme qu'ils ont creusé sous nos pas, que par une coopération générale, fondée sur la plus sévère équité. Ce n'est que par le chemin de la justice, que nous pouvons parvenir jusqu'à eux et les atteindre avec avantage et sans obstacle. Hors de cette justice, tous les moyens sont nuls, impraticables, dangereux même à l'excès; et la France, accablée enfin sous le fardeau immense des assignats, marche à pas de géant vers sa ruine.

N. N. Ce plan donne-t-il enfin au gouvernement les moyens de continuer la guerre, sans inconvénient majeur et sans obstacle légitime?

N. F. Oui ; mais d'une manière *directe-ment opposée* au système qu'on paraît avoir adopté jusqu'à présent, et qu'on s'obstine à suivre ; car, au-lieu d'élever par des mesures forcées, qu'il est impossible de maîtriser et dont le terme définitif ne peut être que la cessation absolue de toute espèce de transaction et le discrédit total des assignats, au-lieu, dis-je, d'élever par ces (mesures forcées les *recettes* au niveau des *dépenses*, il tend à faire tomber rapidement les *dé-penses* au niveau des *recettes* ; il rétablit nos changes avec l'étranger, et ramène, dans un court intervalle, les denrées et toutes les mar-chandises françaises au prix où elles étoient en 1790 ; alors le paiement des contribu-tions arriérées, une contribution de guerre équitablement répartie, et, s'il le faut mê-me, le paiement par avance d'une année de contributions, tous ces moyens simples, jus-tes, naturels et destructifs de l'agiotage, met-tent entre les mains du gouvernement des ressources incalculables, si elles sont bien ménagées par une administration responsable; les puissances coalisées ne peuvent en obte-nir de semblables, sans rendre leurs peuples libres et indépendans comme nous, et......

N. N. Je vous interromps à mon tour, et c'est ici que le succès *infaillible* de votre plan passe réellement pour moi les bornes de la vraisemblance ; en effet, je suppose vos biens nationaux tous vendus, tous payés, votre papier-monnoie presqu'éteint et la circulation actuelle de vos assignats réduite aux 2 milliards que vous avez besoin d'y laisser, pour que la machine politique puisse se soutenir pendant le temps nécessaire à vos opérations; je suppose (pour un instant, au moins, car cette supposition me paraît trop forte à accorder pour plus long-temps), je suppose, dis-je, vos marchandises françaises rentrées à-peu-près dans leurs anciens prix, votre change avec l'étranger remonté presqu'au pair, et par une suite nécessaire de ma supposition, vos dépenses de guerre et d'administration réduites en peu de temps des sept huitièmes, tous ces changemens si heureux, n'ayant aucune base solide, ne peuvent durer long-temps. Avec deux milliards d'assignats sans aucun gage, vous-mêmes sans crédit au-dehors, presque sans argent dans l'intérieur (car il ne reparaîtra jamais pour vous aider, à moins que vous ne puissiez vous passer de lui), comment pouvez-vous soutenir votre agriculture, ranimer votre commerce et votre industrie ? comment pouvez-vous faire payer vos contributions mobilières sur-tout ? comment asseoir et percevoir votre contribution de guerre ? comment espérer même d'obtenir le paiement par avance d'une année de contributions ? comment enfin votre gouvernement pourra-t-il payer ses dépenses de guerre et d'administration ? Personne ne voudra d'un signe d'échange, sans gage, sans autre appui que celui d'un gouvernement qui est lui-même aux prises avec me guerre politique et une guerre d'opinion; l'argent ne reparaîtra que pour achever de vous écraser. Ne voyez - vous pas que vous allez vous retrouver dans le même embarras dont vous sortez? que vous retombez sous la main des agioteurs, des propriétaires fonciers opulens et du cultivateur qui vous fera toujours la loi? Ce dernier, par la nature de son travail et de ses récoltes, peut se passer de tous les signes d'échange, et aucun gouvernement ne peut se passer de lui. Votre plan ne me paraît qu'un palliatif, et je vous arrête-là.

N. F. Et c'est-là aussi que se trouve la clef du plan.

En effet, si elle retire des mains du cultivateur cette énorme quantité d'assignats que lui a procuré, depuis un an, le prix excessif auquel il a vendu ses denrées, si elle écarte de ce même cultivateur tous les monopoleurs, les agioteurs, tous les accapareurs de grains et de subsistances, qui provoquent chaque jour la cupidité par des offres excessives;

Si, dans la position critique où nous sommes, elle est propre à réunir les intérêts trop opposés des propriétaires de biens patrimoniaux et des porteurs d'assignats;

Si enfin par ses résultats, dont je crois le succès assuré, elle donne au gouvernement les moyens de continuer la guerre, *en faisant tomber ses dépenses au niveau de ses recettes*; vous conviendrez alors qu'elle seule peut-être doit atteindre promptement au but

que nous avons besoin de toucher, qui e
la diminution du prix des denrées, dimin
tion qui entraîne avec elle celle de toutes le
marchandises et, par suite, la réduction
un taux très-bas, de toutes les dépenses
guerre et d'administration.

N. N. Mais si vos biens nationaux se trou
vaient presque tous vendus?

N. F. Elle serait encore le seul moyen q
nous resterait à prendre pour nous sauver
quand même, par impossible, la France s
trouverait sans biens nationaux et sans argen
Et cette dernière réflexion est celle que m'o
faite vingt personnes éclairées, instruites
que, dans la défiance de moi-même, je m
suis déterminé à consulter, et auxquels j'
confié mon plan en entier et toutes me
vues.

N. N. Je n'ai plus rien à vous dire. Arrê
tons ici, car votre patriotisme me séduiroi
sans me convaincre; mais consultez l'opinio
générale, faites imprimer notre conversa
tion.

N. F. Que dites-vous? vos objections
vous sont précises, intéressantes; mes ex
plications sont lâches, diffuses, le styl
n'est pas digne du public.

N. N. Qu'importe? L'évidence de vos bon
nes intentions vous justifie; le fonds de l

cussion est assez intéressant par lui-même, et il ne s'agit pas d'agrément, mais d'utilité. Si le public goûte vos observations, s'il désire connoître ce que vous appellez la clef de votre plan, il trouvera toujours bien les moyens de vous le faire savoir; et d'ailleurs qu'est-ce qui vous oblige de vous nommer? Votre nom ne fait rien à la chose.

N. F. Votre dernière observation me détermine. Je me montrerai comme bon citoyen, mais je me cacherai comme auteur.

Nota bené. L'éditeur est autorisé, par la connoissance qu'il a prise de la *Clef du Plan*, qui doit suivre cet imprimé, à certifier qu'il répond parfaitement à l'attente du lecteur, quelle qu'elle soit.

De l'Imprimerie de GUEFFIER, rue Gît-le-Cœur, n° 16.